TABLEAU ANALYTIQUE

DE

L'HISTOIRE ABRÉGÉE

DES

TRAITÉS DE PAIX.

EXTRAIT

DE LA NOTICE LITTÉRAIRE

SUR

LES OUVRAGES DE M. S. F. SCHOELL,

PAR A. PIHAN DE LA FOREST,

Élève de l'ancienne École Normale, ancien Professeur de Rhétorique, Membre de la Société Royale de Géographie, et de la Société d'Encouragement pour les Lettres et les Beaux-Arts.

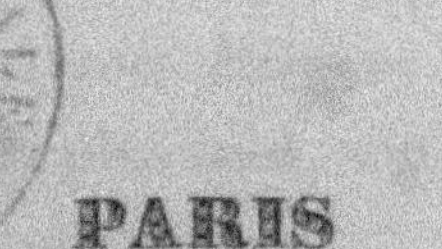

PARIS

A PIHAN DE LA FOREST,

IMPRIMEUR DE LA COUR DE CASSATION,

RUE DES NOYERS, N° 37.

1834.

TABLEAU ANALYTIQUE

DE

L'HISTOIRE ABRÉGÉE

DES

TRAITÉS DE PAIX.

EXTRAIT

DE LA NOTICE LITTÉRAIRE*

SUR

LES OUVRAGES DE M. S. F. SCHOELL.

Nous venons de voir M. SCHOELL employant ses vastes connaissances à dérouler devant nous, pour nous procurer le moyen d'en jouir, les richesses de l'antiquité classique ; nous allons maintenant le voir appliquant ces mêmes connaissances à la recherche des matériaux dont il composera d'abord son *Histoire abrégée des traités de paix*, et, plus tard, son *Cours d'histoire des États européens*.

* Cette *Notice* fait partie du tome XLVI du *Cours d'Histoire des États européens*.

M. Koch, professeur de droit public à Strasbourg et chef d'une école d'où sont sortis les principaux diplomates vivans de France et d'Allemagne, voyant sa chaire renversée par la révolution, permit de publier les cahiers qu'il donnait à copier à ses élèves. Cet ouvrage n'était pas, dans l'origine, destiné à être imprimé, mais l'auteur, craignant qu'il en fût de ces cahiers comme de son *Tableau des Révolutions de l'Europe*, qui avait paru en 1771, à son insu, et rempli de fautes, d'après un manuscrit très incorrect, autorisa l'un de ses disciples à faire imprimer, à Bâle, l'*Histoire des traités de paix*, et lui confia pour cette opération l'exemplaire dont il s'était servi lui-même dans ses cours. Toutefois, avant de le lui livrer, il le parcourut pour y rectifier quelques dates et ajouter un petit nombre de notes. C'est là sans doute la révision à laquelle, d'après l'auteur de la *Vie de M.* Koch, fut soumise l'*Histoire des traités de paix*, avant la remise du manuscrit à l'éditeur de Bâle. Cette révision ne s'étendit en aucune manière au fond de l'ouvrage, et M. Schweighæuser s'est trompé en supposant que ce fut quelque motif de prudence et de ménagement pour les circonstances du temps qui engagea l'éditeur à dire, dans l'avertissement placé à la tête du premier volume, que l'*auteur avait perdu de vue le manuscrit depuis la révolution*. Cette assertion est vraie en elle-même, mais appuyée sur une erreur. Une autre preuve que cette révision n'a porté que sur quelques dates et sur quelques notes, c'est l'extrême négligence du style et les nombreuses lacunes que M. Koch a laissé subsister.

Quoi qu'il en soit, ces cahiers renfermaient tous les traités signés en Europe, depuis ceux de Munster et d'Osnabruck, connus sous le nom de traité de Westphalie, jusqu'à celui de Versailles qui sanctionna l'indépendance des États-Unis d'Amérique. Ce recueil fut publié à Bâle, dans le cours de 1796 et 1797, en quatre petits volumes in-8°. Un ouvrage de ce genre manquait aux études des personnes qui se destinent à parcourir la carrière politique et diplomatique. Celui de M. Koch parut à une époque très favorable. On se flattait alors que l'ordre de choses qui commençait, mettrait fin aux agitations et aux crises qui, depuis cinq ans, avaient tourmenté et presque bouleversé la vieille Europe. Des hommes plus probes que prévoyans se persuadèrent, comme c'est l'ordinaire, que la révolution française était terminée, lorsqu'elle n'était encore qu'à son aurore, si l'on peut appeler de ce nom le commencement des ténèbres et de la confusion de tout ce qui est juste et injuste. L'utilité du livre de M. Koch fut généralement reconnue, et il se trouva bientôt dans les mains de quiconque s'occupait de l'étude de l'histoire et du droit public. La méthode lumineuse de l'auteur fut universellement appréciée; fruit d'une expérience acquise par une longue carrière d'enseignement, elle était le caractère distinctif de tous ses ouvrages. D'autres ont brillé par une diction recherchée, par l'art de charmer des auditeurs qui demandent à être plutôt récréés qu'instruits; le talent de M. Koch consistait surtout à savoir présenter dans un ordre systématique une série de faits épars, à fixer l'attention sur l'origine et les causes d'un événement, à montrer l'enchaînement des faits isolés dont il se compose, et à conduire ainsi ses auditeurs au dénouement de la catastrophe qui doit en être le résultat.

Tel était l'ouvrage dont M. Schoell a donné une seconde édition en 1817. Mais cette *Histoire abrégée des traités de paix*, continuée par le nouvel éditeur ou plutôt entièrement refondue, a éprouvé de si grands changemens, a reçu de si fortes augmentations, que le travail du savant professeur de Strasbourg ne fait plus aujourd'hui qu'une petite partie du livre. L'élève a suivi la marche que lui a tracée son maître; mais, ajoute-t-il, « La foule de documens qui a été publiée depuis vingt ans exigeait que l'ouvrage fût entièrement refondu. Les nombreux traités que la révolution française a fait éclore ne devaient pas y manquer. Pour satisfaire la curiosité sur des évènemens dont nous avons été les malheureux témoins, il a fallu entrer dans des détails dont l'absence aurait fait trouver insipide la lecture de l'ouvrage. Pour rétablir l'harmonie entre les deux parties, il a fallu modifier le plan suivi par

M. Koch, et donner un peu plus d'étendue à ses récits. Le goût exigeait que je fisse disparaître, autant que le permettaient les bornes que je m'étais prescrites, cette sécheresse que l'ouvrage devait à sa destination originaire. L'*Histoire des traités de paix* étant devenue un livre de bibliothèque au lieu de l'esquisse du cours d'instruction, il était nécessaire de revêtir ce squelette d'un corps, et de placer dans le texte ce que le professeur est supposé ajouter à son discours. Je n'ai cependant pas prétendu donner au public un morceau d'éloquence : le seul mérite que j'ambitionne, sous le rapport du style, est celui de la clarté et de la précision.

« J'ignore, continue-t-il, si l'on ne me blâmera pas d'avoir placé le nom d'un homme célèbre en tête d'un livre dont la plus grande partie est entièrement de moi. La franchise de cet aveu doit toutefois me servir d'excuse; on m'aurait peut-être, avec plus de raison, accusé de présomption, si je m'étais attribué ce qui ne m'appartenait pas. »

Non, sans doute, nous ne blâmerons pas

l'auteur d'avoir produit dans le monde savant, politique et diplomatique, son nouveau livre sous l'honorable patronage, sous l'égide protectrice de son illustre maître; c'était tout à la fois un témoignage de confiance et de respect pour son professeur, et un excellent sauf-conduit pour la nouvelle *Histoire des traités de paix*, si elle en avait eu besoin; cependant nous lui dirons qu'il a fait une faute, honorable à la vérité, mais qui n'en est pas moins une faute contre l'intérêt de son livre. Tandis que des auteurs cherchent à capter l'attention et à stimuler la curiosité des lecteurs par des titres fastueux et mensongers, M. Schoell a précisément négligé dans le sien ce qui aurait pu arracher nos politiques du jour à leur paresse et vaincre leur répugnance pour les lectures de long cours. Quel est celui d'entre eux qui ne reculerait pas devant quinze volumes de traités de paix! Et puisque M. Schoell avait cru nécessaire, pour faire d'une esquisse d'un cours d'instruction un livre de bibliothèque, de revêtir ce squelette d'un corps, et de placer dans le texte ce que le professeur était supposé ajouter à son discours, pourquoi n'en change-t-il pas le titre et n'annonce-t-il pas tout ce que contient son livre, dans un siècle où tant d'autres vendent ce qui n'est pas dans les leurs?

D'après ce titre, on doit croire que M. Schoell s'est contenté de réimprimer les traités de paix qui ont été signés fort inutilement pour le repos de l'Europe, depuis 1648 jusqu'à 1815; Or, c'est une erreur très préjudiciable à l'ouvrage que nous ne pouvons trop nous hâter de détruire, car une telle lecture ne serait pas supportable. Le véritable titre aurait dû être non pas l'Histoire des traités de paix, mais l'Histoire des guerres, des négociations et des traités depuis la paix de Westphalie jusqu'au traité de 1815. Ce que le P. Bougeant a fait pour la paix de Munster, M. Schoell l'a reproduit pour les deux siècles qui viennent de s'écouler. Dans chacun des chapitres, il présente la situation de l'Europe aux diverses époques, il révèle les causes qui ont fait rompre les derniers traités, il décrit les guerres qui ont suivi la rupture, les négociations utiles ou infructueuses, publiques ou secrètes, qui ont produit une courte paix, ou qui ont prolongé la guerre; et quand les puissances consentent à poser les armes, M. Schoell ne rapporte de leurs traités que les articles essentiels, c'est-à-dire ceux qui peuvent assurer la paix ou qui renferment le germe d'une nouvelle guerre. Ce simple exposé donne sans doute une idée plus avantageuse du livre, et cependant nous n'avons pas encore parlé de ce qui en rend la lecture plus piquante. Les peuples ne connaissent les événemens de la guerre que par les bulletins, les *Te Deum* et les traités ostensibles; or les bulletins, comme on le sait, ont usurpé l'épithète qu'un proverbe vulgaire donnait autrefois à certains charlatans; les *Te Deum* sont quelquefois chantés dans les deux camps, et les traités rapportés dans un journal officiel sont ordinairement une traduction fort libre des traités originaux. Les peuples ne connaissent donc leurs affaires que long-temps après qu'elles sont terminées; et les hommes qui sont les plus instruits des événemens de la révolution, ceux même qui ont combattu dans les rangs de nos braves armées, ceux enfin qui ont cru être initiés dans les mystères de la diplomatie, trouveront encore dans le livre de M. Schoell des faits absolument nouveaux, avec les preuves qui les constatent, la révélation d'intrigues inconnues au public, et la manifestation de plusieurs secrets qui éclairent des difficultés jusqu'à présent inexplicables.

Exposons maintenant le plan que l'auteur s'est tracé.

Il partage son ouvrage en trois parties.

La première se compose des traités qui ont réglé le système politique de l'Europe méridionale et occidentale, depuis la paix de Westphalie jusqu'à l'acte du congrès de Vienne et aux traités de Paris du 20 novembre 1815, qui n'en sont qu'une conséquence.

La deuxième partie se forme des traités qui ont été conclus entre les souverains du Nord depuis la paix d'Oliva, en 1660, qui fixa pour la première fois l'équilibre entre eux et servit de base aux traités qui ont été signés depuis par les souverains de cette partie de l'Europe, jusqu'à la paix de Kiel, en 1814, qui réunit sous un seul sceptre la Suède et la Norvège.

La TROISIÈME PARTIE contient les traités des princes chrétiens avec les Turcs, qui, sans prendre part aux querelles des autres puissances de l'Europe, eurent leurs démêlés particuliers avec leurs voisins. Pour terminer ces démêlés, la maison d'Autriche, la Pologne, la Russie et la république de Venise réunirent leurs forces contre la Porte-Ottomane, et parvinrent enfin, par le traité de Carlowitz, en 1699, à fixer l'équilibre en leur faveur. Ce traité et ceux qui l'ont suivi terminent l'ouvrage de M. SCHOELL.

La PREMIÈRE PARTIE est la plus étendue, elle remplit onze volumes; pour plus de clarté, l'auteur l'a divisée en *quatre périodes*.

La *première*, de 1648 à 1669, renferme l'histoire des efforts tentés par plusieurs États, et surtout par la France et la Suède, pour mettre des bornes à l'ambition de la maison d'Autriche; elle se termine par la paix de Westphalie qui établit et consolide la liberté germanique destinée à réprimer les vues d'agrandissement de l'Autriche, et par l'indépendance des Provinces-Unies des Pays-Bas, que la branche espagnole de cette maison est obligée de reconnaître. Cette période est subdivisée elle-même en cinq chapitres. — I, Troubles de religion en Allemagne et traité de paix de Westphalie; — II, Traité de paix des Pyrénées entre la France et l'Espagne, en 1659; — III, Paix de Bréda entre la Grande-Bretagne d'une part, les États-Généraux, la France et le Danemark de l'autre, en 1667; — IV, Traité de paix de Lisbonne, entre l'Espagne et le Portugal, conclu en 1668; — V, Traité de paix de la Haye, entre le Portugal et les États-Généraux des Provinces-Unies des Pays-Bas, en 1661 et 1669.

Dans la *seconde période*, de 1668 à 1715, les forces de l'Europe se tournent contre la France qui, profitant de sa supériorité sur chacun de ses voisins, pour exercer des actes arbitraires et pour agrandir ses domaines, se fit soupçonner d'aspirer à la domination universelle. L'Autriche, l'Empire germanique, les Provinces-Unies des Pays-Bas et la Grande-Bretagne s'opposent à ses vues ambitieuses. Après quarante-cinq années de lutte, la paix d'Utrecht affermit l'indépendance des États européens, en morcelant la monarchie espagnole passée dans la maison de Bourbon, et en établissant une puissance intermédiaire entre la France et les Provinces-Unies des Pays-Bas. Cette période est subdivisée en six chapitres :— VI, Traité d'Aix-la-Chapelle, entre la France et l'Espagne, en 1668 ; — VII, Traités de paix de Nimègue, conclus en 1678 et 1679 ;— VIII, Trève de Ratisbonne, en 1684 ; — IX, Traité de paix de Ryswick, en 1697 ; — X, Traité de paix d'Utrecht, en 1713 ; de Rastadt et de Bade, en 1714 ; — XI, Traité de la Barrière, entre l'Autriche, la Grande-Bretagne et les États-Généraux des Provinces-Unies, signé à Anvers, le 15 novembre 1715.

La *troisième période* s'étend jusqu'à la révolution française, de 1717 à 1791. Jamais la politique européenne n'a plus varié que dans les soixante-quatorze années qu'elle renferme. On y voit des alliances formées et rompues, sans autres motifs que le caprice des souverains, ou les projets ambitieux de leurs ministres. La France et l'Angleterre, qui s'étaient combattues avec tant d'acharnement depuis que Guillaume III était monté sur le trône, se réconcilient pour faire la guerre à ce même Philippe V, en faveur duquel Louis XIV avait épuisé son royaume pendant douze ans. Les deux concurrens qui s'étaient disputé le trône d'Espagne renoncent à leur haine, et deviennent des amis intimes. Toute l'Europe se partage entre les ligues de Vienne et d'Hanovre. Soudain ces deux confédérations sont dissoutes, et l'union la plus étroite s'établit entre la France, l'Angleterre et l'Espagne. On dirait, dès ce moment, que l'Europe n'a pas d'intérêt plus important que de procurer des souverainetés aux fils d'une reine ambitieuse et intrigante. La maison de Habsbourg est sur le point de s'éteindre. Charles VI, qui n'a pas de fils, forme le projet de transmettre son héritage à sa fille aînée, destinée à commencer une nouvelle maison d'Autriche. L'ordre de succession qu'il veut établir devient dès-lors sa pensée favorite, l'unique mobile de sa politique. Pendant vingt ans les négociations de ses ministres, les traités qu'il signe, les alliances qu'il contracte, les guerres qu'il fait, n'ont d'autre but que d'obtenir, à force de soins et de complaisance, la garantie de sa pragmatique-sanction. Toutes les puissances de l'Europe promettent de la maintenir; Charles VI est parvenu au comble de ses vœux; il meurt tranquille, mais ses guerres ont ruiné les finances de son État; il ne laisse à son héritière, ni trésor, ni armée pour soutenir les droits que les traités lui ont assurés. Une foule de prétendans se présentent pour démembrer la monarchie autrichienne. La France protège tous ceux qui en convoitent les dépouilles.

Une nouvelle monarchie, qui jusqu'alors n'avait eu qu'une existence précaire, sort de son obscurité; des troupes exercées, des coffres bien remplis, et le génie de Frédéric II placent la Prusse sur la première ligne. Dès-lors il ne se passera plus rien d'important en Europe sans qu'elle y prenne part. L'acquisition de la Silésie devient la base de sa grandeur. Marie-Thérèse est obligée de céder cette province; ce sacrifice, fait à propos, et celui de quelques districts en Italie, sauvent à cette princesse le reste de l'héritage de ses ancêtres. Elle s'empare même des États de son principal ennemi, et le fils de celui-ci est obligé de recevoir de sa main sa succession paternelle.

A peine l'Europe a-t-elle joui de huit années de paix, que le roi de Prusse, pour prévenir les projets que ses voisins tramaient contre lui, envahit la Saxe et la Bohême. Dans l'intervalle, la politique européenne avait de nouveau changé. Une alliance intime a remplacé la rivalité qui, depuis des siècles, avait régné entre la France et l'Autriche. Marie-Thérèse n'a pas de plus zélé soutien que ce même Louis XV qui, seize ans auparavant, avait armé l'Europe pour démembrer la monarchie autrichienne. La Grande-Bretagne qui, seule alors, avait protégé l'héritière de Charles VI, est maintenant dans les rangs de ses ennemis. Deux guerres désolaient à la fois le monde; l'Océan et l'Amérique sont le théâtre de l'une, l'Allemagne est le foyer de l'autre : mais les objets de ces deux querelles se confondent au point qu'on s'entre-tue en Saxe pour la possession du

Canada. Après une lutte de sept années, la mort de l'impératrice de Russie, Élisabeth, suffit pour produire une révolution dans le système politique de l'Europe. La coalition formée contre Frédéric est dissoute; ce prince sort d'une guerre qui l'a comblé de gloire, sans perdre la moindre de ses provinces. Toutes les affaires rentrent en Europe dans l'état où elles étaient sept ans auparavant; mais l'Angleterre triomphe; elle a imposé à la France une paix humiliante, et détruit sa marine, malgré les efforts des diverses branches de la maison de Bourbon, réunies contre elle par un pacte de famille.

L'ambition de Joseph II allume une nouvelle guerre. Depuis long-temps la maison d'Autriche convoitait la possession de la Bavière. Elle croit le moment favorable pour réaliser ce projet; l'héritier de l'électorat consent à un démembrement de ses Etats, qui n'est que le prélude d'un échange projeté. L'Autriche ne craint pas d'opposition de la part de la France, son alliée; mais l'obstacle vient d'un côté où on ne l'attendait pas. Frédéric II est le protecteur du système germanique : pour le sauver, il expose une gloire acquise dans sa jeunesse ; sa conduite généreuse rétablit l'équilibre ; et sous l'égide de ce grand roi, il se forme une confédération pour le maintenir.

La France avait mis à profit les années de paix pour rétablir sa marine dans une situation brillante. Elle épie l'occasion de venger un affront qu'elle avait dissimulé. La rébellion des colonies anglaises dans l'Amérique septentrionale la lui fournit. La guerre éclate de nouveau : la France a vengé son outrage, et signe une paix glorieuse. Une république destinée à jouer un rôle dans la politique des cabinets de l'Europe, lui doit son existence.

Un épisode de cette guerre maritime est l'union formée entre les puissances du Nord pour le maintien de la liberté du commerce ; ce fut un météore qui s'éclipsa après avoir brillé quelques instans.

Depuis plus de cent ans, un lien étroit unissait la Grande-Bretagne et les Pays-Bas : la guerre d'Amérique le rompit. Le parti qui domine ce pays s'allie à la France, mais cette liaison se brise et disparait avec la faction qui l'avait formée. Une triple alliance, conclue entre la Grande-Bretagne, la Hollande et la Prusse, rend à l'Angleterre cette influence sur le continent qu'elle avait perdue depuis la guerre de sept ans et depuis qu'elle s'était séparée de la Prusse. Cette triple alliance, qui donnait une nouvelle tendance à la politique européenne, aurait produit sans doute des résultats plus importans encore, si la révolution française n'était venue bouleverser tout ce qui existait, et n'avait donné naissance à de nouvelles combinaisons politiques.

Cette période est subdivisée en treize chapitres : XII, Traité de la triple alliance, signé à la Haye, le 4 janvier 1717;—XIII, Traité de la quadruple alliance, signé à Londres le 2 août 1718;—XIV, Traités de la paix de Vienne; l'un entre l'empereur et le roi d'Espagne, signé le 30 avril 1725; l'autre, entre l'empereur, l'Angleterre et les États-Généraux, signé le 16 mars 1731;—XV, Troisième traité de Vienne, en 1738; XVI, Traité de paix d'Aix-la-Chapelle, du 18 octobre 1748;—

XVII, Traités de Paris et de Hubertsbourg, en 1763; — XVIII, Traités de Saint-Ildefonse et du Pardo, de 1777 et 1778, entre l'Espagne et le Portugal, relativement à la limite de leurs possessions en Asie et en Amérique; — XIX, Traité de paix de Teschen, entre l'impératrice-reine et le roi de Prusse, de 1779, et confédération des princes germaniques, de 1785; — XX, Traité de paix de Versailles, de 1783, entre la France et l'Angleterre; — XXI, Traité de la neutralité armée du Nord, conclu en 1780; — XXII, Traité de paix de Fontainebleau, entre l'empereur et les Provinces-Unies des Pays-Bas, en 1785; — XXIII, Traités de la triple alliance, entre la Grande-Bretagne, la Prusse et les Provinces-Unies des Pays-Bas, conclus à la Haye, à Berlin et à Loo, en 1788; — XXIV, Traité de l'Escurial, entre l'Espagne et la Grande-Bretagne, du 28 octobre 1790; — XXV, Troubles des Pays-Bas, et convention de la Haye, du 10 décembre 1790.

Les guerres qui furent une suite de la révolution francaise, de 1791 à 1815, forment la *quatrième période;* elles renversèrent le système que les traités de Westphalie et d'Utrecht avaient établi, et forcèrent tous les États européens à se confédérer contre la France, afin de remplacer l'ancien système d'équilibre par une politique nouvelle et par l'établissement de plusieurs monarchies destinées à contenir, par leur union, l'ambition de ceux qui voudraient dorénavant troubler la tranquillité du continent.

Pendant cette longue lutte, la Grande-Bretagne acquit une supériorité qui lui donna la principale direction des affaires politiques de l'Europe.

Cette période est subdivisée en seize chapitres :

XXVI. Une minorité factieuse de l'assemblée législative de France, voyant dans les troubles un moyen de renverser la monarchie, suscite la *première guerre de la révolution française :* l'alliance contractée par quelques grandes puissances, dans le but d'opposer une digue aux principes révolutionnaires, et le refus des princes d'Allemagne d'accepter une indemnité pécuniaire pour les pertes que les décrets français leur avaient fait éprouver dans leurs possessions en Alsace, sont les prétextes dont les républicains français se servent pour forcer le roi à commencer les hostilités. La guerre est déclarée le 20 avril 1792. Le parti dominant en France se flatte vainement de n'avoir à combattre que la maison d'Autriche : la Prusse, le corps germanique et la Sardaigne, s'allient étroitement au chef de l'Empire. Quelques succès et le fanatisme révolutionnaire entraînent les Français à provoquer la Grande-Bretagne, les Provinces-Unies et l'Espagne. Bientôt toutes les puissances chrétiennes de l'Europe, à l'exception des couronnes du Nord, de la Suisse et de quelques petits États de l'Italie, prennent les armes contre la France.

Ce concert des plus grands monarques avait pour but le maintien de l'indépendance européenne : en vain les révolutionnaires croient-ils le flétrir dans l'opinion publique, en le revêtant du nom de *coalition*. Ce terme perd, par l'abus qu'on en a fait, ce qu'il avait originairement d'odieux; il est adopté par ceux même qu'il devait offenser, et l'usage a prévalu de nommer *première coalition* l'alliance qui fut dissoute par la paix de Campo-Formio.

L'Histoire de la guerre qui précéda ce traité se divise naturellement en deux époques, dont la première se termine au 5 avril 1795, jour où le roi de Prusse, sortant de la coalition, fait à Bâle la paix avec la république française. Son exemple est suivi par le roi d'Espagne. Les victoires des armées françaises forcent les princes d'Italie à racheter successivement la tranquillité par le sacrifice d'une partie de leurs Etats et par celui de leurs trésors. L'Autriche seule, soutenue de l'argent de l'Angleterre, continue, jusqu'en 1797, une lutte aussi honorable que malheureuse. Enfin, elle signe, le 17 octobre 1797, la paix de Campo-Formio, et la France ne reste plus en guerre qu'avec la Grande-Bretagne, sans être toutefois en bonne intelligence avec la Russie.

Le traité de Campo-Formio donne à la France le Rhin pour limite : c'était alors le système favori des maîtres de ce pays, de s'enfermer dans ce qu'on appelait une frontière naturelle. Un autre système, dont la naissance date de ce traité, tendait à entourer la France de républiques subordonnées à une métropole commune, et qui pussent lui servir de garantie contre les grandes monarchies, ou plutôt d'échelons pour attaquer tous les gouvernemens existans, et les remplacer par des gouvernemens représentatifs, les seuls que la France reconnût légitimes. L'exécution de ces deux plans peut être regardée comme le principal résultat de la première coalition.

XXVII. L'Autriche n'avait traité à Campo-Formio que pour ses possessions héréditaires; les intérêts de l'Empire germanique dûrent être discutés dans une assemblée des États ou de leurs délégués. Tandis que le *congrès de Rastadt* donne au monde le spectacle d'un combat scandaleux entre l'arrogance et la faiblesse, les républicains français bouleversent la Suisse et l'Italie, s'emparent de Malte, et portent le fer et la flamme en Afrique et en Asie. Leur conduite despotique et violente prouve à l'Autriche l'impossibilité de vivre en paix avec un gouvernement pour lequel *rien* n'est sacré. Une nouvelle ligue se forme contre la France, et le congrès est rompu.

XXVIII. Pendant que les Français se battent contre l'Europe réunie, peu s'en faut que des discussions, qui ont rapport aux intérêts du commerce, ne les brouillent avec les États-Unis d'Amérique, pour l'indépendance desquels la France avait versé, vingt ans auparavant, le sang de ses sujets et dépensé ses trésors. Une convention signée à Paris le 30 septembre 1800, termine ces débats.

XXIX. La Russie se met à la tête de la *seconde coalition*. Cette puissance, l'Angleterre et l'Autriche se partagent les principaux rôles. L'Empire se voit obligé d'y prendre part; les rois des Deux-Siciles et de Portugal y accèdent; la Porte même, qui aurait voulu rester spectatrice tranquille de ces démêlés, croit devoir venger l'outrage fait à son honneur, par l'invasion d'une de ses provinces les plus fertiles. Les succès des alliés jettent l'épouvante dans l'ame des cinq magistrats qui tiennent les rênes du gouvernement français; il fut permis un instant d'espérer que les efforts des alliés étoufferaient la révolution qui menaçait de faire le tour du monde ; mais la jalousie du commandement ou l'inexpérience des généraux sème, entre les coalisés, le germe de la discorde, et l'empereur de Russie, qui avait été l'ame de cette ligue, est aussi le premier à s'en retirer.

Cependant les Français qui, depuis dix ans, avaient fait l'essai de toutes les formes de gouvernement, regrettaient vivement le temps où ils avaient vécu heureux et tranquilles sous le régime monarchique. Un général, que la fortune paraissait prendre plaisir à favoriser, vient leur présenter le simulacre de ce gouvernement paternel ; la témérité et l'astuce avaient mis entre ses mains une autorité qu'il dépendait de lui d'employer à faire le bonheur de la nation. Ses premiers efforts se dirigent vers les armées étrangères qui menacent d'envahir la France. Ranimant le courage des Français, il les conduit à la victoire et donne la paix au monde. L'Autriche la signe *à Lunéville*, le 9 février 1801 ; le 8 octobre suivant, l'empereur de Russie se réconcilie avec la France, par le *traité de Paris;* la Grande-Bretagne même fait la paix à Amiens; et, depuis le 25 juin 1802, jour où la Porte-Ottomane suit cet exemple, l'Europe entière commence à respirer des calamités de la guerre.

XXX. Peu d'événemens ont produit plus de sensation, dans le dix-huitième siècle, que la neutralité armée du Nord, qui a été long-temps attribuée à la philanthropie de l'impératrice de Russie, et célébrée comme l'époque d'une nouvelle ère politique : M. Schoell a donné le précis de son histoire dans le chapitre xxi. Renouvelée de nos jours par le caprice plutôt que par la sagesse de l'empereur Paul, cette confédération assura le triomphe de ces mêmes maximes qui avaient été si long-temps proclamées comme destructives de tout principe de liberté. L'histoire des *Conventions maritimes de* 1800 *et* 1801, et de leur dissolution, est un triste épisode du grand drame dont nous avons donné au monde le spectacle pendant vingt-cinq ans.

XXXI. Quoique la *paix d'Amiens*, du 27 mars 1802, appartienne à cette série de traités qui ont terminé la seconde coalition, son importance et l'intérêt qu'inspirent les négociations dont elle fut précédée ont engagé M. Schoell à la détacher de la masse des traités, et à lui consacrer ce chapitre xxxi en entier.

XXXII. De même que la paix de Campo-Formio avait réconcilié l'Autriche avec la France, sans déterminer les rapports qui par la suite auraient lieu avec l'Empire germanique, le traité de Lunéville laissa à une députation de l'Empire le soin des arrangemens devenus nécessaires par la cession de la rive gauche du Rhin. Il s'ouvrit à Ratisbonne un congrès solennel, bien différent de celui qui, peu d'années auparavant, avait donné une si triste célébrité à la ville de Rastadt. En envoyant des ministres à Rastadt, le Directoire exécutif ne leur avait donné d'autre instruction que d'essayer d'arracher le plus de concessions possibles à l'Empire germanique. La mésintelligence qui se mit entre les principaux membres de ce corps, et l'intrigue qui se glissa parmi les représentans des autres, enhardirent les ministres de France. Ce qu'ils obtinrent surpassa de beaucoup les espérances de leurs commettans. Cependant, ne sachant pas modérer leur ambition, ils finirent par perdre tout ce qu'ils avaient trop facilement obtenu, et il fallut au gouvernement français une nouvelle guerre pour s'assurer une conquête que les négociations de Campo-Formio lui avaient promise. Il en fut autrement à Ratisbonne. La France et la Russie, d'accord sur les bases d'un plan auquel la Prusse avait donné son assentiment, remplirent à Ratisbonne le véritable rôle d'arbitres de l'Europe. Si le plan qu'elles mirent à exécution ne fut pas, en tous ses points, l'ouvrage de la justice et de l'impartialité, au moins elles eurent la franchise d'en faire connaitre à la fois l'ensemble, d'en demander l'adoption comme un sacrifice que les circonstances avaient rendu nécessaire, d'écouter les représentations sur les objets de détail, et de céder toutes les fois qu'un intérêt majeur parut le leur permettre. La députation de l'Empire qui a siégé jusqu'au 25 février 1803, s'est concilié l'estime de l'Europe, par la sagesse de ses délibérations, par sa prudence et sa modération, enfin, par la fermeté avec laquelle elle résista, quoique souvent sans aucun succès, à ce qui lui paraissait injuste. En ployant sous la loi de l'étranger, la députation sauva l'honneur national. Les princes ecclésiastiques furent sacrifiés à l'existence des souverains séculiers : parmi ceux-ci, il y en eut plusieurs qui obtinrent un agrandissement considérable de leurs États; les autres eurent au moins un dédommagement de leurs pertes. La maison d'Autriche seule se plaignit de la rigueur avec laquelle elle fut traitée; mais si ce reproche est fondé, du moins il ne tombe pas sur les délégués de l'Empire.

Le recès de la députation de l'Empire du 25 *février* 1803 a été le dernier statut fondamental de l'Allemagne. Quand cet acte parut, on le croyait établi pour l'éternité, mais le premier orage renversa un édifice dont les fondemens ne reposaient pas sur la justice. L'Empire germanique a cessé d'exister; la loi qui l'avait reconstitué n'a plus qu'un intérêt historique; néanmoins elle sera long-temps consultée par tous ceux qui réunissent l'étude du droit à celle de l'histoire, et qui puisent dans le passé des leçons de prudence et de politique. Cette considération a fait penser à M. Schoell qu'il serait utile d'entrer dans les détails du recès de la députation de 1803, comme s'il avait l'importance d'un traité subsistant encore. En conséquence, il a donné avec exactitude le précis des discussions et des négociations dont ce recès a été précédé, ou du moins la partie de ces discussions et négociations qui est parvenue à la connaissance du public. Il a inséré ensuite dans son ouvrage le texte même de ce statut, accompagné, en forme de commentaire, d'observations sur tous les points d'histoire, de droit public et de politique qui lui ont paru exiger quelques éclaircissemens, et il a rapporté les différentes discussions et transactions auxquelles l'introduction de cette loi a donné lieu.

Il est impossible de se pénétrer de l'esprit du recès de 1803, sans avoir des notions sur le droit public qui avait régi l'Allemagne jusqu'alors. M. Schoell craint qu'on ne néglige trop, à l'avenir, une étude qui sera regardée comme n'ayant plus d'objet immédiat; ce serait une erreur des plus graves : de long-temps rien ne sera plus propre à former des hommes d'État, que la connaissance d'un système qui passait autrefois pour le chef-d'œuvre de la politique. Afin d'en faire sentir l'importance, notre savant historien a placé en tête de son commentaire du recès de 1803 le *Précis historique de l'ancienne constitution germanique* : ce qui a tellement augmenté l'étendue de son chapitre XXXII, qu'il a cru devoir le diviser en quatre sections.

XXXIII. La Grande-Bretagne fut tout-à-fait étrangère aux négociations de Ratisbonne : le gouvernement français la priva aussi de toute influence sur les affaires de la Suisse. Depuis trois ans les factions déchiraient ce pays; enfin la France s'érigea en médiatrice entre les partis qui se combattaient. L'acte de médiation du 19 février 1803 ne put les réconcilier entre eux, mais il les comprima. L'histoire de cet acte et celle du traité d'alliance qui en fut le complément forment le XXXIIIe chapitre.

XXXIV. Dans celui-ci sont indiquées plutôt

que développées les transactions mystérieuses par lesquelles la France acquit la Louisiane et la vendit aux Etats-Unis d'Amérique. Le temps seul pourra lever le voile dont ces marchés honteux sont encore couverts.

XXXV. L'Europe avait joui de la paix pendant une année, lorsqu'une nouvelle guerre éclata entre la Grande-Bretagne et la France, au mois de mai 1803. Le continent de l'Europe n'y prit part qu'en 1805. Un attentat contre le droit des gens, un crime contre la politique, quoique peut-être conseillé en son nom, un forfait qui a souillé la vie de son auteur, qui pèse de tout son poids et pèsera éternellement sur sa mémoire et sur celle de ses complices, fut le signal d'une série de violences qui démontra aux puissances qu'elles avaient eu tort de compter sur la modération d'un usurpateur, comme si le premier châtiment imposé aux nations qui le laissent s'établir, n'était pas de payer de leur sang et de leur or chacun de ses caprices, chacun des actes qu'il croit nécessaires à sa conservation, à son maintien sur le trône usurpé. *La troisième coalition* se forma, et la guerre fut allumée : mais elle ne dura pas long-temps; *la paix de Presbourg*, *du* 26 décembre 1805, rompit le concert avant que tous les alliés se fussent déclarés.

La paix de Presbourg eut des conséquences extrêmement importantes. Elle prépara la dissolution de l'Empire germanique, en accordant à quelques-uns de ses membres une indépendance absolue : mais, en les détachant de ce corps, le chef du gouvernement français prétendit les assujétir à sa propre domination. Ce fut alors qu'il osa, pour la première fois, annoncer son projet d'une monarchie universelle, déguisée sous le nom de *système fédératif européen*. Un autre résultat de la paix de Presbourg, fut une révolution qui s'opéra dans la politique de la Prusse, et qui produisit quelques changemens importans dans le nord de l'Europe.

XXXVI. Les atteintes portées à la constitution germanique, en 1805, faisaient prévoir que cet antique édifice croulerait bientôt. Il fut renversé de fond en comble par *la confédération du Rhin*, qu'une douzaine de princes allemands conclurent, le 12 juillet 1806, avec le chef du gouvernement français. L'histoire de ce pacte d'iniquité, la honte du nom allemand, remplit le XXXVIe chapitre. Après avoir donné le commentaire des stipulations qu'il renferme, M. Schoell conduit l'histoire de cette confédération jusqu'à la catastrophe qui la renversa. Celle-ci, qui tient à de plus grands événemens, est réservée pour l'un de ses chapitres suivans.

XXXVII. *La paix de Tilsit* est renfermée dans le chapitre XXXVII. Ce traité termina ce qui est fort improprement appelé la *quatrième coalition*, puisque, si les puissances belligérantes agirent de concert contre la France, les alliances qui les unirent ne furent conclues que pendant la durée de la guerre. Le *système continental* dont le but était d'exclure les Anglais de tout commerce avec le reste de l'Europe, fut le fruit de cette guerre désastreuse. M. Schoell nous montre tous les États de l'Europe entrant successivement dans ce système pernicieux; ce récit le conduit à celui de l'expédition des Anglais en Danemark, et de l'occupation du Portugal par les Français.

XXXVIII. L'insatiable conquérant poursuit le cours de ses projets. Il envahit l'Espagne; mais les peuples de cette contrée lui font éprouver enfin ce que peuvent le courage et les efforts d'une nation brave et réduite au désespoir. Le destin l'avertit, pour la première fois, dans cette Péninsule, qu'il était las de protéger ses extravagances; mais rien ne l'arrête : il accumule crime sur crime, usurpation sur usurpation. L'Autriche croit le moment favorable pour se soustraire au joug que le traité de Presbourg lui a imposé : elle prend les armes; ses troupes se couvrent de gloire, mais les peuples de l'Allemagne asservie se réunissent à la France pour détruire la seule puissance qui pouvait les protéger contre le maître qu'ils se sont imprudemment donné. La Russie même fait cause commune avec Buonaparte. C'est encore par erreur qu'on a voulu voir dans cette guerre l'effet d'une *cinquième coalition;* l'Autriche se présenta seule, sans alliés, sur le champ de bataille. Abandonnée de la fortune, elle signa, le 14 octobre 1809, la *paix de Schœnbrunn.*

XXXIX. Depuis 1795, la Hollande était soumise à la France. Une suite de traités conclus en 1795, 1800, 1801, 1802, 1803, 1806, 1807 et 1810 avaient diversement modifié cette dépendance. Ce pays avait fini par recevoir des mains de Buonaparte un prince pour le gouverner; mais dès que le nouveau souverain voulut agir dans les intérêts de son peuple, ses États lui furent ravis pour être incorporés à la France.

XL. Le système continental devient, en 1812, indirectement l'occasion d'une guerre entre la Grande-Bretagne et ses anciennes colonies, les Etats-Unis d'Amérique. Le XLe chapitre rapporte les discussions qui s'étaient élevées entre ces deux puissances, les événemens de la guerre qu'elles se sont faite avec un grand acharnement, et les stipulations de la *paix de Gand du 24 décembre* 1814.

XLI. M. Schoell arrive enfin au grand événement qui doit délivrer l'Europe de l'oppression sous laquelle elle gémit. L'ambition toujours croissante de Buonaparte le pousse à rompre avec la Russie et à entreprendre la conquête de ce vaste empire. Les frimas, les glaces du Nord vont dévorer la plus belle, la plus brillante, la plus dévouée des armées qui ait peut-être existé.

QUOS VULT PERDERE DEUS, DEMENTAT PRIUS,

en effet l'insensé, sourd à la voix de la raison et de l'expérience, ne consulte plus que sa fureur. L'Europe entière se lève contre lui; il la brave, lutte et succombe. La modération des souverains alliés veut lui conserver son trône et laisse aux divers membres de sa famille les couronnes usurpées qu'ils portent. S'il accepte ces propositions, les souffrances de l'Europe sont prolongées, le règne de la justice est encore ajourné; mais la Providence a résolu sa perte : il refuse et se précipite en aveugle dans l'abime ouvert sous ses pas.

Après avoir brisé leurs chaînes, les peuples de l'Europe viennent délivrer la France; le fils de S[t]. Louis remonte sur le trône de ses pères. Le *traité de Paris du* 30 *mai* 1814 rend à ce royaume ses anciennes limites. La paix dont il va jouir réparera les malheurs de ses défaites et ceux de ses succès. Louis XVIII s'associe aux plus grands monarques pour reconstruire les bases d'un nouveau système politique de l'Europe, destiné à remplacer celui que les traités de Westphalie et d'Utrecht avaient établi, et que la révolution française avait renversé.

L'abondance des matériaux et le désir d'éviter la confusion ont engagé M. Schoell à diviser son chapitre XLI en six *sections*.

Dans la *première* sont réunis les événemens postérieurs à la paix de Schœnbrunn, qui ont eu une très grande influence sur les destinées de l'Europe avant la guerre de 1812 : tels sont les combats livrés sur mer et dans les autres parties du monde, les campagnes de Naples, celles d'Espagne, l'alliance de Rio-Janeiro entre l'Angleterre et le Portugal, les négociations qui eurent lieu à Morlaix, et les nouvelles usurpations de Buonaparte sur les côtes de la mer Baltique.

La *seconde section* renferme la campagne de Russie de 1812. M. Schoell n'en donne qu'un récit très succinct qui rappelle les principaux faits, laissant aux écrivains militaires le soin de signaler les fautes qui ont été commises et de développer les combinaisons qui ont été exécutées.

La levée en masse de tous les peuples qui gémissaient sous le joug de fer de Buonaparte, les traités qui les réunirent contre lui, les campagnes de 1813 et 1814, et la paix de Paris de 1814, remplissent la *troisième* et la *quatrième section*.

La *cinquième* est consacrée à l'histoire du congrès de Vienne, ou plutôt à la partie de cette histoire connue par des documens authentiques; car c'est ici surtout que l'auteur croit devoir prévenir ses lecteurs qu'il n'a eu ni la prétention ni les moyens de donner une histoire secrète.

La campagne de 1815 et le traité du 20 novembre 1815 se trouvent dans la *sixième section* qui termine la PREMIÈRE PARTIE de l'ouvrage, composée, comme nous l'avons dit, de l'histoire des traités de paix entre les puissances occidentales et méridionales de l'Europe.

La SECONDE PARTIE, formée des traités entre les puissances du Nord, quoique bien moins longue que la précédente, puisqu'elle n'occupe pas plus de deux volumes et demi, est aussi divisée en quatre *périodes*.

La *première*, de 1570 à 1661, renferme l'histoire des guerres longues et sanglantes entre la Russie, la Pologne, la Suède et le Danemark. Celles que se livrèrent les Suédois et les Danois furent terminées par les traités de paix de Stettin et de Siörod, en 1570 et 1613. La guerre de Livonie entre la Pologne et la Russie finit à la paix de Kiwerowa-Horka, en 1582. Les Suédois et les Russes s'accordèrent sur l'Esthonie, par la paix de Teusin, en 1595, qui assura cette province aux premiers. La Suède et la Pologne terminèrent leurs contestations sur la Livonie par la paix d'Oliva, en 1660; et, comme les Russes avaient toujours des prétentions sur cette province, la paix entre eux et les Suédois fut signée, en 1661, à Kardis. Par ces divers traités, tous les pays qui sont situés sur le golfe de Finlande, depuis l'embouchure de la Düna dans la mer Baltique, la plus grande partie de la Livonie, l'Esthonie, l'Ingrie et la Carélie, restèrent à la Suède.

Si la Livonie fut un sujet de guerre entre les quatre puissances, il en existait un autre entre la Suède et le Danemark, qui se rapportait à la domination que cette dernière puissance s'attribuait sur le Sund. Maîtresse des deux côtes qui bordent ce détroit, elle ouvrait ou fermait à son gré l'entrée de la Baltique aux peuples que le commerce y attirait. La Suède ne put voir qu'avec jalousie, entre les mains des Danois, un empire qu'elle croyait pouvoir partager avec eux. La perception des droits de péage du Sund et la possession des provinces situées sur ses bords, devinrent la cause d'une suite de guerres pendant lesquelles deux peuples voisins conçurent l'un pour l'autre une haine qui s'est perpétuée pendant des siècles. La contestation fut terminée par la paix de Copenhague, en 1660; mais l'animosité lui survécut long-temps. Cette période est subdivisée en onze chapitres : XLII, Traité de paix de Stettin, entre la Suède et le Danemark, 1570. — XLIII, Traité de paix de Kiwerowa-Horka, entre la Pologne et la Russie, 1582; — XLIV, Traité de paix de Teusin, entre la Russie et la Suède, 1595; — XLV, Traité de paix de Siorod, entre le Danemark et la Suède; 1613; — XLVI, Traité de paix de Stolbowa, entre la Suède et la Russie, 1617; — XLVII, Trève de Diwilina, entre la Pologne et la Russie, 1618; — XLVIII, Trève d'Altmark, entre la Suède et la Pologne, 1629; — XLIX, Traité de paix de Polianowa ou Wiazma, entre la Pologne et la Russie, 1634 — L, Trève de Stumsdorf, entre la Suède et la Pologne, en 1635; — LI, Traité de Brömsebro, entre la Suède et le Danemark, 1645; — LII, Traité de paix d'Oliva, de Copenhague et de Kardis, entre les puissances du Nord, 1660 et 1661.

La *seconde période*, de 1667 à 1697, donne les traités qui ont été conclus depuis ceux de Copenhague, d'Oliva et de Kardis, qui avaient assuré le premier rang à la Suède, jusqu'à la fin du dix-septième siècle. Pendant ces trente années, la Suède occupa ce premier rang dans le nord de l'Europe. Maîtresse de la Livonie, de l'Esthonie et de l'Ingrie, ainsi que des côtes orientales du Sund, en possession des belles provinces que la paix d'Osnabruck lui avait assignées en Allemagne, elle inspira, par sa puissance, autant d'inquiétude aux États du Nord que l'ambition de Louis XIV en donna, à la même époque, aux souverains du Midi. La Pologne qui jouissait anciennement d'une grande supériorité sur la Russie, avait laissé cette dernière s'emparer de ses plus belles provinces. Les vices de sa constitution préparaient dès-lors les événemens qui, après lui avoir fait perdre cette considération qui est une des bases de la prospérité des États, et l'indépendance qui est le premier but de toute association politique, finirent par faire disparaître de la surface de l'Europe jusqu'au nom de la Pologne.

Deux grandes alliances rendent le commencement du dix-huitième siècle une époque remarquable; l'une se forma contre la prépondérance de la France; l'autre fut dirigée contre les projets ambitieux de la Suède. La guerre qui s'alluma dans le nord de l'Europe, opéra une révolution complète dans le système politique des puissances septentrionales. Dans la première période, la Russie avait essayé en vain de se fixer sur les bords de la Baltique; la vigilance et l'activité des rois de Suède l'avaient forcée de renoncer à ses projets ambitieux ; bien plus, elle vit sa capitale au pouvoir d'un peuple voisin, des mains duquel elle fut obligée d'accepter des souverains. Ces voisins étaient les Polonais, nation brave et guerrière, qui paraissait alors appelée à jouer un grand rôle sur la scène du monde, mais qui échoua dans toutes ses entreprises, parce qu'elle n'apprit jamais à se gouverner elle-même.

Dans la seconde période, la Russie prit cette prépondérance que l'unité de son gouvernement lui assurait sur un État déchiré par des factions ; mais, pour affermir sa domination, il fallut l'établir sur la Baltique. Dès-lors toute l'ambition des tzars se tourna vers la Livonie, d'où il était nécessaire d'expulser les Suédois. Le génie de Pierre-le-Grand et les imprudences de Charles XII opérèrent cette révolution. En perdant la Livonie et l'Ingrie, la Suède descendit du premier rang qu'elle avait occupé depuis la paix d'Oliva ; elle le céda à la Russie qui a su le conserver jusqu'à ce jour. L'histoire des traités qui établirent ce changement mémorable, depuis le commencement du dernier siècle jusqu'à la paix d'Abo, en 1743, et des traités de Copenhague et de Tsarskozélo, en 1767 et 1773, qui terminèrent le différend relatif au duché de Holstein, forme la *troisième période* des traités entre les puissances du Nord.

La *seconde période* est subdivisée en quatre chapitres : LIII, Trève d'Andrussow, entre la Russie et la Pologne, 1667; — LIV, Traité de paix de Lunden en Scanie, entre le Danemark et la Suède, 1679;—LV, Traité de paix de Moscou, entre la Russie et la Pologne, 1686; —LVI, Traité d'Altona, entre le roi de Danemark et le duc de Holstein-Gottorp, 1689.

La *troisième période* est subdivisée en trois chapitres : LVII, Traités de Stockholm et de Nystad, qui ont terminé la guerre du Nord;— LVIII, Traité de paix d'Abo, entre la Russie et la Suède, 1743; —LIX, Traités de Copenhague de 1767 et de Tzarskozélo de 1773, relatifs à l'échange du Holstein.

La *quatrième période* comprend les traités qui sont postérieurs à l'année 1773. Pendant cette période, le nord de l'Europe a été moins bouleversé par des guerres violentes que dans les époques précédentes. Les rapports entre la Russie et les États de la Scandinavie n'ont pas éprouvé d'altération sensible. La Pologne a cessé d'exister; mais la Prusse qui, auparavant, était tour-à-tour dépendante de la Pologne et de la Suède, a pris un ascendant devenu nécessaire au maintien de l'équilibre politique. Le Danemark, après avoir joui d'une longue paix et d'une prospérité qu'il devait à la sagesse de son gouvernement, se vit, malgré lui, entraîné dans le tourbillon des événemens produits par l'ambition de Buonaparte. Après avoir perdu sa marine et avoir vu le commerce de ses sujets ruiné, il fut forcé de renoncer à la Norvège, dont, pendant près de cinq siècles, ses rois avaient porté la couronne. La réunion de la péninsule scandinavienne sous le sceptre d'un même monarque, commence le nouvel ordre de choses qui subsiste aujourd'hui.

La *quatrième période* est subdivisée en cinq chapitres : LX, Traités de Varsovie, relatifs au premier partage de la Pologne, en 1773; — LXI, Paix de Werelæ, du 14 août 1790;

traité d'amitié et d'union conclu à Drottningholm, le 19 octobre 1791, et traité d'alliance et d'amitié conclu à Gatschina, en octobre 1799, entre la Russie et la Suède; — LXII, Traités de Grodno de 1793, et de Saint-Pétersbourg de 1795, relatifs aux second et troisième partages de la Pologne; — LXIII, Traités de paix de Fredricshamn, en 1809, entre la Suède et la Russie, et de Jönköping, du 10 décembre 1809, entre la Suède et le Danemark; — LXIV, Traités de paix de Kiel, d'Hanovre et de Berlin, des 14 janvier, 8 février et 25 août 1814, entre le Danemark d'une part, la Suède, la Grande-Bretagne, la Russie et la Prusse de l'autre.

La troisième partie, qui renferme les traités entre la Porte-Ottomane et les puissances chrétiennes, depuis la paix de Carlowitz, en 1699, jusqu'au traité de Bucharest, en 1812, est la plus courte de toutes, et n'occupe que la moitié du quatorzième volume; elle est divisée en *trois périodes*.

La guerre qui fut terminée par les traités de Carlowitz, produisit une révolution complète dans le système politique des puissances chrétiennes relativement à la Porte. Avant cette guerre, les Ottomans étaient les maîtres de la plus grande partie de la Hongrie; ils possédaient l'Esclavonie et dominaient sur la Transilvanie. Leurs progrès avaient plus d'une fois jeté l'alarme dans toute la chrétienté. La peur qu'ils avaient inspirée fut dissipée dans les dernières années du dix-septième siècle. La maison d'Autriche reconquit la Hongrie; alors la fortune se déclara si visiblement en faveur des Chrétiens, et la décadence de l'empire ottoman fut si rapide, que, loin de redouter les Turcs, on a été, vers les derniers temps, plus occupé, dans les cabinets, des moyens de les conserver en Europe, que du projet de les en expulser. La paix de Carlowitz qui établit l'équilibre politique entre la Porte-Ottomane et ses voisins en Europe, termine la *première période*, qui forme le chapitre LXV de l'ouvrage.

La Porte se maintint dans un état assez brillant pendant la *seconde période*, qui se termine à la paix de Belgrade, en 1739, et qui est subdivisée en trois chapitres : LXVI, Traités de paix du Pruth, ou de Housz, ou de Falczi, de

Constantinople et d'Andrinople, en 1711, 1712, 1713, 1720, 1724 et 1727, entre la Russie et la Porte; — LXVII, Traités de paix de Passarowitz, entre l'empereur, la république de Venise et la Porte, en 1718; — LXVIII, Traités de paix de Belgrade, entre l'empereur, la Russie et la Porte, en 1739.

Les forces et la puissance des Ottomans déclinèrent pendant la *troisième période*, et nous pouvons dire avec vérité que si l'empire musulman subsiste encore, il doit son existence aux circonstances qui n'ont pas encore permis à ses voisins de s'accorder sur le partage des belles provinces qu'il fait gémir sous son sceptre de fer. Cette *troisième et dernière période* est subdivisée en trois chapitres : LXIX, Traité de paix de Koutchouc-Kaynardgi, entre la Russie et la Porte, 1774; — LXX, Convention de Reichenbach, 1790; — Traités de paix de Szistrowe, 1791; de Gallacz, 1791, et d'Yassy, 1792; — LXXI, Traités de paix de Constantinople, 1809, entre la Russie et la Grande-Bretagne; et de Bucharest, 1812, entre la Russie et la Porte.

Le quinzième et dernier volume de l'ouvrage

de M. Schoell n'est pas le moins utile, quoiqu'il n'offre qu'une table chronologique des traités et une table alphabétique des matières. En général, un livre sans table est comme un homme qui ne nous parle qu'une fois en passant; si nous voulons savoir ce qu'il nous a dit, il faut que nous le cherchions pour l'interroger de nouveau; mais c'est surtout dans un livre du genre de celui-ci qu'une table est indispensable; les objets y sont tellement multipliés; ils se lient par des rapports si nombreux et si différens, que leur réunion deviendrait un véritable chaos, si une table des matières très détaillée ne servait de guide au lecteur qui n'a besoin que d'un seul fait au milieu de tant d'événemens. Celle-ci a été composée avec un tel soin, qu'en y cherchant un nom propre ou un nom appellatif, on y trouve l'histoire très abrégée, mais complète, qui s'y rapporte.

Quelques efforts que nous ayons faits pour donner ici un aperçu de la manière dont l'auteur a traité son sujet, ce serait une erreur de croire qu'il est possible, d'après cet exposé, de se former une idée juste de ce que l'ouvrage contient de curieux, d'intéressant et d'utile; et de quelle importance est sa lecture non-seulement pour un homme d'État, mais pour quiconque prend directement ou indirectement part aux affaires publiques et veut parler politique sans s'exposer à déraisonner, comme cela n'arrive que trop souvent; ce n'est que dans le livre même que l'on pourra juger avec quel art, quelle habileté, quelle précision M. Schoell a rassemblé tous les événemens, toutes les négociations, toutes les opérations militaires, toutes les clauses des traités essentielles, influentes ou sujettes à controverse. Là se découvrent les ressorts des grandes machines dont on ne nous a montré que le jeu, et le lecteur apprend comment les alliances les plus secrètes, les intrigues les mieux ourdies et les plans les plus sages peuvent manquer par l'endroit qu'on soupçonnait le moins, et il connaitra tout ce que la fortune peut revendiquer dans les événemens que nous admirons le plus; il y verra aussi combien de talent, de finesse, de prévoyance exige la confection d'un traité, et quelle réunion de mérites et de connaissances suppose sa perfection : il se convaincra que le concours des hommes les plus éclairés ne suffit pas toujours pour prévenir les contestations ultérieures et conséquemment des guerres et des calamités.

Il semble que la clarté du style soit la qualité la plus rare et la plus difficile à acquérir, puisque dans les écrits où l'on renonce à toute élégance pour s'en tenir à ce qu'il y a de plus clair, de plus précis et de plus obligatoire, il est presque impossible, lors même que l'on est de bonne foi, de ne pas laisser matière à équivoque, à discussion et même à rupture. Nous ne citerons qu'un fait où l'obscurité ne provient pas de l'intention des négociateurs, mais où elle résulte des précautions même que l'on a prises pour être clair et précis.

La paix de Westphalie est la réunion d'une multitude de traités que l'on a tâché de faire concorder avec le traité général. Si nous ne sommes pas assuré de la bonne foi de tous les négociateurs, nous ne pouvons au moins douter du soin qu'ils ont apporté à la perfection de l'œuvre, puisqu'il s'est passé près de six ans entre les préliminaires et la conclusion. Deux de ces traités ont pour but la cession de l'Alsace à la France. Dans l'un, l'Empire cède à la France le *landgraviat de la Haute et Basse-Alsace*, avec le *Sundgau et la préfecture des Dix Villes impériales d'Alsace;* dans l'autre, l'empereur, tant en son nom qu'en celui de la maison d'Autriche, *comme aussi l'Empire*, cèdent *tous les droits*, *propriétés*, *domaines*, *possessions et juridictions* qui, jusqu'ici, ont appartenu tant à lui qu'à l'Empire, sur la *Haute et Basse-Alsace* et les villes dont tous les noms suivent. Il semble que ces expressions eussent été suffisantes pour une cession irrévocable; mais voici une phrase bien plus claire encore et bien plus minutieusement précise * : « Le-« dit landgraviat des deux Alsaces et du Sund-« gau, ainsi que la préfecture des Dix Villes et « *les lieux qui en dépendent*, de même que « *tous les vassaux landsasses*, *sujets*, *hommes*, « *villes*, *châteaux*, *villages*, *forteresses*, *bois*, « *forêts*, *mines d'or*, *d'argent*, *et d'autres mi-*

* Tom. I, p. 224.

« *nérais*, *fleuves*, *ruisseaux*, *pâturages et tous* « *les droits régaliens et appartenances*, SANS « AUCUNE RÉSERVE, *avec toute espèce de juri-* « *diction*, *de supériorité et de domaine su-* « *prême*, appartiendront dorénavant, et à per- « pétuité, au roi et à la couronne de France, « et seront censés incorporés à ladite couronne, « sans aucune contradiction de la part de » l'empereur, de l'Empire, de la maison d'Au- « triche et de tel autre que ce soit. »

Oh! certes, c'était pousser loin la prévoyance que de désigner jusqu'aux *ruisseaux*, et de stipuler que la cession se faisait *sans aucune réserve;* et cependant, pour plus de sûreté, l'empereur et l'Empire ajoutaient : « Nous re- « nonçons *pleinement et parfaitement de notre* « *plein gré et volonté* à tous les droits et ac- « tions que nous et nos prédécesseurs avons « eus sur lesdites provinces, et *absolvons tous* « *les bourgeois*, *habitans*, *vassaux et sujets* « *de tout serment*, *hommage*, *fidélité et obliga-* « *tion;* les en délivrons et déchargeons, etc... »

Quel n'est pas notre étonnement en apprenant que des phrases aussi claires et démonstratives ont paru, aux yeux des publicistes allemands, équivoques, obscures et insuffisantes pour établir une cession ! L'auteur même d'après lequel nous les avons transcrites, avoue qu'il n'y a rien de moins clair que ce traité ; ainsi, malgré la cession formelle, et *sans aucune réserve*, des villes, châteaux et villages, des hommes, vassaux et sujets, des pays, bois, fleuves et ruisseaux, l'Allemagne regardait cette cession comme illusoire, et n'accordait au roi de France, sur l'Alsace, qu'une espèce de suzeraineté purement titulaire. Pendant cent cinquante années cette étrange question fut agitée sans que l'on parvînt à s'entendre ; et lorsqu'à la paix de Ryswick on crut avoir aplani tous les obstacles, tout éclairci, tout expliqué, dans quel nouvel embarras ne fut-on pas jeté quand l'un des plénipotentiaires s'avisa de demander : Qu'est-ce que l'Alsace? Quelles sont ses limites? Qu'a-t-on cédé à la France? De là nouvelle discussion, nouveaux débats qui ont été plutôt tranchés que terminés par la révolution.

Quoique cette question n'ait plus le même intérêt, rien n'est aussi curieux que les plaidoyers fournis de part et d'autre, et il est impossible de ne pas admirer l'inépuisable fécondité des ressources que fournit la diplomatie. L'auteur a traité ce point de politique de la manière la plus complète et la plus satisfaisante; il a réuni et opposé l'un à l'autre tous les argumens respectifs, et cette partie de son ouvrage est un vrai chef-d'œuvre d'érudition et de dialectique.

Nous ne terminerons pas cette analyse sans indiquer les principaux points de l'*Histoire des traités de paix*, qui offrent une étude aussi intéressante qu'instructive, même pour les hommes les plus versés dans l'histoire moderne :

1° Les discussions qui ont précédé, accompagné et suivi le traité de Westphalie, et qui se sont renouvelées jusque dans les premières années de notre révolution;

2° Les deux neutralités armées, chapitre où les principes de droit maritime sont fixés de la manière la plus claire et la plus précise; où l'auteur examine toutes les difficultés qui se sont élevées entre l'Angleterre et les puissances du Nord; le système de blocus réel, ou de blocus *sur le papier*, et les innombrables questions que la fortune et la force maritime ont résolues en faveur de l'Angleterre. Comme ce grand procès a été terminé sans être jugé, comme il est possible qu'il se renouvelle un jour sous d'autres auspices, nous le recommandons au lecteur; nous ne connaissons pas de sujet plus propre à exercer la sagacité d'un dialecticien;

3° L'examen des questions qui ont fait précipiter le traité de Léoben, la situation où se trouvait l'armée d'Italie à cette époque, la réponse aux reproches qu'on a faits à l'Autriche... Cette partie du livre paraîtra neuve aux hommes habitués à juger des événemens militaires d'après l'exposé des bulletins;

4° Enfin, les négociations secrètes qui ont précédé la troisième coalition, le plan des alliés, les causes qui l'ont fait échouer, les fautes que les parties contractantes se sont mutuellement reprochées, et l'appréciation de ces reproches. C'est là que les hommes d'État trouveront de salutaires instructions et qu'ils pourront s'éclairer sur la difficulté et les dangers des coalitions.

Nous ne devons pas non plus oublier d'indiquer les détails intéressans que l'auteur a rassemblés sur la paix d'Amiens, paix si peu solide aux yeux mêmes des négociateurs, qu'ils ne prirent pas la peine de rappeler les anciens traités; négligence étudiée qui laissait à chacune des parties le plus juste prétexte de rompre quand elle le jugerait à propos *.

* Il n'est pas étonnant qu'un ouvrage qui réunissait de tels élémens de succès, en ait obtenu dans tous les genres. L'édition a été promptement épuisée, et le dernier exemplaire, qui passe pour avoir été donné plutôt que vendu, a coûté deux cents francs.

www.ingramcontent.com/pod-product-compliance
Ingram Content Group UK Ltd.
Pitfield, Milton Keynes, MK11 3LW, UK
UKHW022136260726
13993UKWH00003B/1480